COURS

THÉORIQUE ET PRATIQUE

DE LANGUE LATINE.

TOME PREMIER.

Les deux premières parties forment la Grammaire ; elles se vendent, réunies en un seul volume cartonné, 2 fr. 5o c. ; broché, par la poste, 3 fr.

La deuxième partie, contenant la Syntaxe, se vend séparément, cartonnée, 1 fr. 75 c. ; brochée, par la poste, 2 fr.

La troisième partie, *sous presse*, contient les Exercices ; elle se vendra séparément.

PARIS. — IMPRIMERIE DE FAIN, RUE RACINE, N° 4.
PLACE DE L'ODÉON.

GRAMMAIRE LATINE,

PAR

C. DE BLIGNIÈRES.

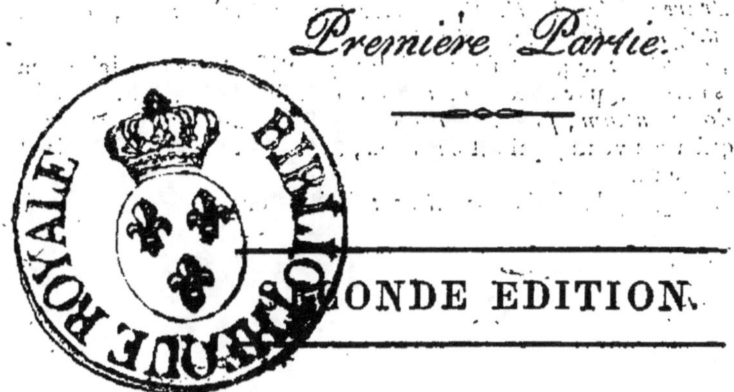

Première Partie.

SECONDE EDITION.

A PARIS,

CHEZ L'AUTEUR, RUE DE CLICHY, N°. 3,

CHAUSSÉE-D'ANTIN.

1826.

ERRATA.

Pag. 13, lig. 5. *Drachma* est de la première déclinaison et non de la troisième. Il fait au génitif *drachmæ.* La drachme valait 90 centimes de notre monnaie, et non 17.

Pag. 25, lig. 32. Alius, a, um, *lisez :* Alius, a, ud.

Pag. 31, lig. 20, *ajoutez :* Déclinez de même *Iste, a, ud,* celui-là, celle-là, cela.

Pag. 41, lig. 7, *ajoutez : sal* m. et n. fait aussi à l'ablatif *sale.*

Ibid. lig. 23, *Araris* la Saône, qui fait à l'accusatif *Ararim,* fait à l'ablatif plutôt *Arare* qu'*Arari. Vectis,* levier, fait *vecti; canalis,* canal, *canali; strigilis,* frottoir, *strigili.*

Pag 42, lig. 30, *ajoutez :* le génitif pluriel des adjectifs et des participes en *ns* fait souvent, par syncope, *ûm* au lieu de *ium. Adolescentûm* pour *adolescentium, precantûm* pour *precantium.*

Pag. 76, lig. 4, qui a convenu, qui est convenu, *lisez :* qui est convenu, dont on est convenu.

Pag. 100, dernière ligne, des buissons, *lisez :* de buissons.

AVERTISSEMENT.

J'ai divisé ce Cours de Langue latine en trois parties.

La première partie traite des mots considérés isolément; elle contient les racines latines, des déclinaisons et les conjugaisons régulières et irrégulières, les observations sur la formation des comparatifs et des superlatifs, sur les genres, sur les nombres et sur la formation des composés et des dérivés.

La deuxième partie a pour objet la syntaxe, divisée en cinq livres et précédée d'une introduction contenant une analyse succincte de la proposition et un aperçu de la syntaxe générale. Le premier livre traite de la syntaxe de concordance; le deuxième, de la syntaxe de régime ou de complément; le troisième, des diverses sortes de propositions et de leur dépendance entre elles; le quatrième, des principaux idiotismes. Le cinquième est une méthode pour faire des thèmes; on y montre par quels équivalents on doit rendre les gallicismes, et on y passe en revue les principales difficultés qui pourraient embarrasser les élèves dans la traduction du français en latin. Pensant que les règles d'une langue doivent se tirer de cette langue même, j'ai pris le latin pour base dans les quatre premiers livres de la syntaxe. Si la conformité du plan permettait de comparer des ouvrages qui diffèrent par le mérite de l'exécution, ce Cours de Langue latine serait pour le latin ce qu'est pour le grec la Grammaire de M. Burnouf. La différence des caractères distingue ce qui est élémentaire de ce qui est destiné aux élèves plus avancés ; ce qu'on doit voir dans une première année, de ce qu'on peut renvoyer à une seconde.

La troisième partie, qui est *sous presse*, contient des exercices sur la syntaxe latine, c'est-à-dire, un nombre considérable d'exemples sur chaque règle, tous puisés dans les bons auteurs et offrant généralement quelque chose d'intéressant et d'instructif.

Dans la première édition de cet ouvrage, qui a paru le 1er. mai 1825, j'avais placé chaque exercice au-dessous de la règle à laquelle il se rapporte, et les trois parties distinctes dans cette nouvelle édition ne faisaient qu'un volume. J'espère avoir donné aujourd'hui à ce Cours de Langue latine une forme plus appropriée aux besoins de nos classes.

J'acquitte une dette de reconnaissance, et je remplis même un devoir de justice, en faisant hommage de mon livre à la mémoire de l'ABBÉ GAULTIER, dont je m'honore d'avoir été l'élève. J'ai emprunté à sa Méthode latine l'idée de distribuer les racines en listes de noms et de verbes pour chaque déclinaison et chaque conjugaison, la distinction du *radical*, de la *caractéristique* et de la *désinence personnelle* dans les verbes et presque tout ce qui regarde la formation des composés et des dérivés. Mais ce n'est pas tout ce que je lui dois, et j'aime à reconnaître ici que, si je n'avais pas été formé à l'excellente école de cet ami de l'enfance, si je n'avais pas eu l'avantage de travailler long-temps sous les yeux de ce savant modeste qui consacra toutes ses veilles à l'amélioration de l'enseignement élémentaire, il ne me serait probablement pas venu dans l'esprit de publier ce livre, et bien sûrement je n'y aurais pas mis l'ordre, la clarté, la méthode que peut-être on y reconnaîtra.

A la fin de la troisième partie, j'exposerai succinctement l'ingénieux procédé par lequel l'abbé Gaultier donne le moyen de faire la construction sans changer l'ordre de la diction de l'auteur.

Parmi les bons ouvrages que j'ai consultés avec fruit et qui m'ont servi à rendre le mien moins imparfait, je citerai, outre la Méthode latine de l'abbé Gaultier, la Grammaire latine de Port-Royal, les Principes de Grammaire générale, par M. Silvestre de Sacy, le Cours pratique et théorique de M. Lemare, et surtout la Grammaire latine allemande de Broëder.

Des amis m'ont donné d'utiles conseils, et je dois, à cet égard, des remercîments particuliers à M. Charma.

Une nomenclature complète aurait excédé les bornes que je me suis prescrites dans cet ouvrage. J'en ai fait l'objet d'un volume séparé que je me propose de publier sous le titre de *Racines latines, avec leurs composés et leurs dérivés, suivies d'un Index*. J'y ai classé par familles tous les mots de la langue latine employés par les bons auteurs, mettant en gros caractères et en tête de chaque famille le mot primitif. Un exemple suffira pour donner une juste idée de ce travail et pour en faire apprécier l'importance.

AGER , *gri, m.,* champ, terre labourable, pays.

AG-ELLUS, *i, m., diminutif,* petit champ.
AGR-ARIUS, *a, um,* qui concerne les champs
AGR-ESTIS, *e,* champêtre, rustique.

SUB-AGR-ESTIS, *e*, qui sent le village, a des manières rustiques.

AGR-OSUS, *a*, *um*, riche en fonds de terre.

AGRI-COLA, *æ*, *m*. (*colo*), agriculteur, laboureur.

AGRI-CULTURA, *æ*, *f*., agriculture.

PER-AGR-ARE, *actif*, parcourir, traverser en voyageant.

PER-AGR-ATIO, *onis*, *f*., action de voyager, voyage.

PER-EGR-è, *adv*., dans un pays étranger, en voyage.

PER-EGR-INUS, *a*, *um*, étranger, qui voyage ou demeure en pays étranger.

PER-EGR-INARI, *dép*., voyager hors de son pays.

PER-EGR-INATIO, *onis*, *f*., voyage en pays étranger.

PER-EGR-INATOR, *oris*, *m*., voyageur.

PER-EGR-INABUNDUS, *a*, *um*, qui voyage, court dans les pays étrangers.

PER-EGR-INITAS, *atis*, *f*., condition d'étranger, manières étrangères.

Un index, dans lequel sont rangés alphabétiquement tous les composés et tous les dérivés disséminés sous les primitifs, termine l'ouvrage et le rend propre à servir de dictionnaire dans les premières classes, et en particulier pour les exercices qui forment la troisième partie de ce Cours.

DE BLIGNIÈRES, MAÎTRE DE PENSION.

Mars 1826.

INSTITUTION BLIGNIÈRES,

RUE DE CLICHY, N°. 37, CHAUSSÉE D'ANTIN.

RÈGLEMENT.

DISPOSITIONS GÉNÉRALES.

ARTICLE 1er. Le Règlement prescrit avant tout aux Élèves subordination, respect et reconnaissance envers tous les Maîtres de l'établissement. Investis de la confiance des parens, et dépositaires de leur autorité, ils ont le droit d'exiger la même déférence et les mêmes égards.

ART. 2. Un Élève réprimandé ou puni ne doit jamais se permettre de raisonner. On accueillera les observations faites en particulier, et présentées d'une manière respectueuse.

ART. 3. Tout échange, tout prêt d'argent est interdit.

ART. 4. L'introduction de toute arme et de la poudre à tirer, même en artifice, est interdite.

ART. 5 Les Élèves ne peuvent apporter, garder, lire aucun livre, autre que leurs livres classiques, sans une autorisation spéciale du Directeur.

ART. 6. Les Élèves doivent s'interdire tout ce qui tend à la dégradation; la réparation des dégâts qu'ils auraient causés se fera à leurs frais.

ART. 7. Il est défendu de rien tracer sur les murs comme sur les portes.

ART. 8. Les Élèves n'auront avec les domestiques que les rapports d'une indispensable nécessité; ils leur parleront toujours avec politesse.

ART. 9. Quand les Élèves apercevront des étrangers dans l'Institution, ils les salueront.

Les Élèves sont tenus non-seulement à rendre le salut, mais leur âge leur fait une loi de prévenir tout le monde sur ce point. Dans toutes les salles, les Élèves resteront découverts; ils ne pourront jamais s'en dispenser que pour cause de santé, et avec la permission du Maître qui présidera.

Art. 10. Dans tous les mouvemens les Élèves marcheront en ordre et en silence.

Art. 11. Si le Maître sous la conduite duquel doit se faire le mouvement n'avait encore pu se rendre à son poste, les Élèves l'attendront en rang et en silence, sous la surveillance du plus âgé d'entre eux.

Art. 12. Il est prescrit aux Élèves de se rendre sur-le-champ aux exercices auxquels la cloche les appelle.

Art. 13. Les Élèves ne doivent sous aucun prétexte se trouver dans la cour d'entrée, pas même pour reconduire leurs parens.

DES EXERCICES RELIGIEUX.

Art. 14. Les Élèves doivent assister avec recueillement et piété à tous les exercices religieux, et réciter les Prières sans précipitation.

Art. 15. Les Élèves doivent avoir dans l'Église la tenue respectueuse qu'exige la sainteté du lieu. Il leur est expressément recommandé d'emporter un livre de piété, et d'y suivre l'Office.

DES ÉTUDES ET DES CLASSES.

Art. 16. Chaque Étude et chaque Classe principales commencent et finissent par une Prière.

Art. 17. Pendant les Études et les Classes, toute parole est interdite aux Élèves ; ils demanderont au Maître, par un signe de main, à lui parler, s'il y a nécessité absolue.

Art. 18. Le temps des Études doit être exclusivement consacré aux devoirs et aux leçons. Aucun Élève ne peut en employer, sans permission, la moindre partie à autre chose.

Art. 19. Tout Élève qui à l'heure prescrite n'aura pas fini ses devoirs ou su ses leçons, sera en retenue pendant la récréation.

Art. 20. Il y a retenue tous les jours de onze heures et demie à midi, de deux heures à deux heures et demie, et de huit heures à huit heures trois quarts du soir.

De plus, le Jeudi pendant la promenade ; le Dimanche et les jours de Fêtes, de midi à quatre heures et demie, et de cinq heures et demie à huit heures trois quarts du soir.

Art. 21. Pendant la retenue les Élèves écriront très-proprement et très-lisiblement sous la dictée; ou recommenceront tout devoir mal fait, mal écrit ou copié sur un autre, ou apprendront de nouveau les leçons mal sues.

Art. 22. Il est expressément recommandé aux Élèves de tenir leurs pupitres en ordre, de conserver propres leurs livres, leurs cartes, leurs cahiers, et il leur est défendu d'en déchirer la moindre partie, et de jeter par terre quoi que ce soit.

Art. 23. Les Élèves ne recevront un cahier nouveau qu'en remettant l'ancien.

Art. 24. Tout Élève ne doit demander à sortir que lorsqu'il voit sur l'écriteau placé près de la porte la lettre R. En sortant il le retourne du côté de la lettre S.

Art. 25. Les Élèves ne pourront sortir qu'une heure et demie après être entrés en Classe ou en Étude, à moins toutefois qu'ils ne soient incommodés. Si la Classe ou l'Étude ne dure qu'une heure, toute sortie sera interdite. On ne peut sortir qu'une fois dans chaque Étude comme dans chaque Classe.

Art. 26. Il est expressément défendu aux Élèves de troubler l'ordre de l'Étude ou de la Classe en demandant au Maître la permission d'emprunter livres, cahiers, plumes, etc. Chaque Élève doit être pourvu de tous les objets qui lui sont nécessaires.

Art. 27. A partir de la cinquième, les Élèves sont tenus de tailler leurs plumes eux-mêmes, et doivent être par conséquent pourvus d'un canif.

Art. 28. Tout Élève qui troublerait l'ordre d'une manière grave est renvoyé de la salle d'Étude ou de la Classe, et vient aussitôt trouver le Directeur.

Art. 29. Les règles d'ordre et de discipline ci-dessus prescrites doivent être observées pendant les retenues et les leçons d'agrément qui se donneraient durant la récréation.

Art. 30. Un Élève sera chargé pour une semaine de préparer tous les objets nécessaires à la leçon avant l'arrivée du Professeur, et de les remettre en place après la leçon.

Art. 31. A un signal donné les Élèves rangent leurs livres, cahiers, plumes, etc. A un second signal, ils sortent du banc, se mettent à genoux, et font la Prière. A un troisième, ils se relèvent et commencent à sortir dans l'ordre prescrit, et sans se permettre aucun retard, aucun jeu, aucun cri.

DES REPAS.

Art. 32. L'entrée du Réfectoire sera refusée à tous les Élèves qui s'y présenteraient dans une mauvaise tenue, sans cravate, avec des habits déchirés, le visage ou les mains sales.

Art. 33. En arrivant dans le Réfectoire les Élèves se rendront de suite à leurs places accoutumées, et s'y tiendront debout jusqu'à ce que l'Élève désigné par le Maître ait fait la Prière.

Art. 34. Pendant le repas, les Élèves resteront découverts, se tiendront dans une attitude décente, et observeront le silence.

Art. 35. Les Élèves s'accoutumeront à manger de tout, et ne prétendront à aucune de ces exceptions qui ne peuvent avoir lieu à une table commune. Un Élève qui refuserait d'un plat sera privé des suivans.

Art. 36. Les Élèves ne demanderont en alimens et en boisson que ce qui leur sera nécessaire ; ils éviteront tout gaspillage, ne laisseront pas de pain, n'en emporteront pas dans leurs poches, et ne jetteront par terre quoi que ce soit.

Art. 37. Au signal qui en sera donné, tous se lèveront pour l'action de grâces ; la sortie du Réfectoire se fera par table, sans confusion et sans bruit.

Art. 38. Au déjeuner tous les jours, excepté les jours d'abstinence prescrits par l'Église, et au goûter les Jeudis et les Dimanches seulement, les Élèves pourront joindre à leur pain ce que leurs parens leur envoient à cet effet, ou acheter de la personne préposée à cet office du lait, des œufs, du chocolat et des fruits. Il est expressément défendu de rien acheter à crédit. Le maximum de la dépense est fixé pour chaque repas à 25 centimes.

Art. 39. Aucun Élève ne peut faire venir du dehors, par quelque voie que ce soit, ni vin, ni viandes, ni café, ni liqueurs.

DES DORTOIRS.

Art. 40. Les Élèves doivent garder dans les Dortoirs

le plus profond silence, s'y habiller, s'y déshabiller promptement, et de la manière la plus décente.

Art. 41. Le matin, dès que la cloche sonne le réveil, chaque Maître dans son Dortoir donne le signal, et à l'instant même tous les Élèves doivent se lever. Ils attendront debout, au pied du lit, l'instant où le Maître donne le signal de sortir du Dortoir.

Art. 42. Aucun Élève ne pourra rester couché que dans le cas d'une indisposition subite. Il en demandera la permission au Maître du Dortoir.

Art. 43. Les Jeudis et les Dimanches les Élèves changeront de linge le matin en se levant. Tous auront soin de rassembler leur linge sale, et en feront un paquet composé d'autant de pièces sales qu'on leur en aura donné de blanches.

Art. 44. Dès que les Élèves sont sortis du Dortoir, aucun d'eux ne peut y rentrer sous quelque prétexte que ce soit.

Art. 45. Chaque jour la toilette des Élèves doit être faite dans le plus grand détail avant de sortir du Dortoir. Ils remettent à leur place les instrumens de la toilette après les avoir nettoyés.

DES RÉCRÉATIONS ET DES PROMENADES.

Art. 46. En sortant des Études, des Classes, du Réfectoire pour se rendre au lieu de la récréation, les Élèves garderont le silence, et se tiendront en rang jusqu'à ce que le Maître qui exerce la surveillance ait donné le signal de la récréation.

Art. 47. Sous aucun prétexte un Élève ne peut s'éloigner sans permission du lieu de la récréation ou de la promenade.

Art. 48. Sont défendus les jeux de hasard, les jeux de main, les basses familiarités, les sobriquets, les propos injurieux, les cris perçans et confus, et tout ce qui est contraire aux manières que doivent adopter des jeunes gens bien nés.

Art. 49. La récréation doit être prise en commun. Les petits groupes qui s'isoleront sont défendus.

Art. 5o. Il est défendu d'avoir en main ni couteau, ni canif. Il est particulièrement recommandé de ne pas jeter de pierres.

Art. 51. Les Élèves qui prennent la récréation doivent s'interdire toute communication avec ceux qui sont au piquet.

Art. 52. Pendant la récréation aucun Élève ne peut rester dans la salle d'Étude sans la permission du Maître.

Art. 53. En allant à la promenade, et en en revenant, les Élèves doivent garder le meilleur ordre. Ils ne peuvent quitter leurs rangs sans une permission du Maître.

Art. 54. Les Élèves ne doivent rien acheter à la promenade, à moins que le Directeur n'en ait donné une permission expresse, et il spécifiera ce qui pourra être acheté.

Art. 55. Les Élèves observeront au reste, dans les promenades, les règles ci-dessus prescrites pour les récréations. Ils éviteront en outre tout ce qui pourrait occasioner des plaintes, du tumulte, ou du dégât.

Art. 56. Lorsque la récréation sera prise dans la salle d'Étude, les Élèves ne pourront jouer qu'à des jeux non bruyans, et resteront tous à leurs places ordinaires.

COMMUNICATIONS DES ÉLÈVES

AVEC LE DEHORS.

Art. 57. Les Élèves ne peuvent écrire aucune lettre sans en avoir préalablement obtenu la permission du Maître.

Art. 58. Toute lettre écrite par un Élève est remise non cachetée au Directeur qui la lit, s'il le juge à propos, et l'envoie à sa destination.

Art. 59. Toute lettre envoyée à un Élève est remise au Directeur qui la décachète et la lit, s'il le juge à propos, avant de la remettre à l'Élève.

Art. 60. Néanmoins toute lettre adressée à un Élève par ses parens lui est remise cachetée, si le Directeur en connaît l'écriture.

Art. 61. Les Élèves ne peuvent recevoir de visites qu'aux heures de récréation, savoir : De huit heures un quart à huit heures et demie du matin, de onze heures et demie à midi, de deux heures à deux heures et demie, de cinq heures à cinq heures et demie, de huit heures à huit heures et demie du soir.

Les Jeudis, de une heure à deux heures, de cinq heures à six heures du soir.

Les Dimanches et jours de Fêtes, depuis onze heures et demie, jusqu'à huit heures et demie du soir, le temps du dîner et de l'office excepté.

Art. 62. Les sorties sont les récompenses de la bonne conduite et du travail. Elles ont lieu le Dimanche à onze heures ; sont exceptés les Dimanches des Rameaux, de Pâques et de la Pentecôte. On ne pourrait obtenir de sortir plus tôt qu'en renonçant au droit de la sortie suivante.

Art. 63. Les Élèves ne sortent jamais seuls, à moins que les parens n'en aient fait la demande expresse. Ils doivent être rentrés à neuf heures en hiver, à neuf heures et demie en été.

Art. 64. Tous les Élèves à qui la permission de sortir est accordée reçoivent un *exeat* signé du Directeur, et qu'ils remettent au portier en sortant.

Art. 65. Il n'y a point de sortie les jours de grandes Fêtes.

Art. 66. Chaque Élève aura droit à quatre sorties de faveur dans toute l'année.

Art. 67. Les Élèves de l'Institution qui fréquentent le Collége s'y rendront, et en reviendront en rang et dans l'ordre que prescrira le Maître chargé de les y conduire et de les en ramener. Ils ne feront, ni ne feront faire pendant la route aucun achat, et ne s'arrêteront dans la rue sous quelque prétexte que ce soit.

Art. 68. Le premier de l'Institution sera chargé de préparer le *Récitaverunt*, de remettre les copies au Professeur, de prendre exactement les devoirs. Il recevra la note hebdomadaire du Professeur, et fera la liste des places dans la composition.

Art. 69. Les Élèves tâcheront de se faire distinguer au Collége par leur application et leur bonne conduite. La reconnaissance leur impose l'obligation d'y établir d'une manière honorable la réputation de l'Institution à laquelle ils appartiennent.

Art. 70. Il est expressément défendu aux Élèves de communiquer au Collége, soit avec les Élèves des autres Pensions, soit avec les Externes libres.

DES PUNITIONS.

Art. 71. Les punitions qui peuvent être infligées aux Élèyes, suivant la gravité des fautes qu'ils auront commises, sont ordinaires ou extraordinaires.

Art. 72. Les punitions ordinaires sont : 1°. Les mauvais points ; 2°. le piquet pendant la récréation ; 3°. la privation du dessert et du second plat ; 4°. la privation de la totalité ou d'une partie des récréations de la journée, avec tâche extraordinaire ; 5°. le pain sec au déjeuner, ou au goûter ; 6°. la table de pénitence.

Art. 73. Les punitions extraordinaires sont : 1°. La privation d'une partie ou de la totalité de l'argent des semaines ; 2°. les plaintes spéciales aux parens ; 3°. la retenue, les jours de sorties ; 4°. la prison ; 5°. la privation des vacances, en tout ou en partie ; 6°. l'exclusion de l'Institution.

Art. 74. Les Élèves doivent s'efforcer de donner au dehors une bonne opinion de la maison à laquelle ils appartiennent. Ils sont donc avertis que toute faute commise hors de l'Institution sera punie doublement.

DES RECOMPENSES.

Art. 75. L'Élève qui pendant la journée n'a pas été repris reçoit un billet de bonne conduite qui porte son nom, et qui peut le dispenser, dans l'occasion, d'une punition ordinaire. On tient un compte exact de ces billets. L'Élève qui en aura mérité le plus grand nombre pendant l'année scholaire aura le prix de bonne conduite.

Art. 76. L'application dans le travail est récompensée par des bons points. Trois bons points valent un *satisfecit*. L'Élève qui dans l'année scholaire aura mérité le plus grand nombre de *satisfecit* aura un prix d'application.

Art. 77. L'Élève du petit quartier qui, pendant la semaine, a obtenu le plus de *satisfecit* et de billets de bonne conduite, occupe une place d'honneur.

Il est chargé de faire le lundi à l'étude qui suit le deuxième déjeuner une collecte en faveur des pauvres.

Art. 78. Tous les prix de l'Institution sont des prix d'excellence.

Art. 79. Chaque nomination au Collége donne droit à un prix.

PARIS. — IMPRIMERIE DE FAIN,
RUE RACINE, N°. 4, PLACE DE L'ODÉON.